Spleen d'Amsterdam

Murielle Lucie Clément

Spleen d'Amsterdam

MLC

Du même auteur

Sur un rayon d'amour (poésie)
Les Nuits sibériennes (poésie)
L'Arc-en-ciel (poésie)
Le Nagal (poésie)
Le Pyrophone (poésie)
Cantilène (poésie)

www.emelci.com

Editions MLC
Le Montet – 36340 Cluis

ISBN : 978-2-37432-011-3
Dépôt légal : octobre 2015

A mes amis

Prospérité

L'eau transparente, liquide, fluide, laisse voir
en son sein les coquilles blanches des œufs
dans la bassine d'aluminium argent.
L'amitié et l'amour ne peuvent se contraindre,
mais découlent de la bienséance empreinte de
tendresse et de douceur, la marque d'une
volonté bien éduquée.

Méandres

Des méandres de ma nuit ne sortent plus
aucunes claires images. Tout est confus. Tout
est bruit. Cependant j'essaie de percer ces
brumes épaissies par les crépuscules rampant
d'une sorte d'infini où je rôde à la recherche
de souvenirs plus précis. Est-ce un bois ou
bien un marécage qui m'a offert ses
chimères ? Seul me reste la vision d'une
transparence feutrée et muette.

Clair-obscur

Fulgurance d'incertitudes cacophoniques.
Déchirures, brisures, larmes lacérées d'une vision oblique.
Deux cygnes déploient sans grâce leurs lourdes ailes neigeuses.
Ils survolent les tuiles des toitures incarnates.

Sourire

Cette lueur ambrée
percée de la croisée
de ton regard d'azur.
Irradiation de ton visage rieur
qui salue ma venue.

Visions

J'ai vu un corps bizarrement griffé. Mais j'ignore si ce fut le mien. De zébrures toute parsemée, la poitrine saignait de bien étranges blessures. Était-ce dans un miroir, une réflexion maligne ou une simple vision qui se faisait mutine ? Pourtant elle m'affola et, c'est avec un cri que l'aube me réveilla.

Une tête d'enfant dans un sac en plastique transparent. Le monstre une fois de plus a sévi. Le pauvre petit ange a été victime de l'incapacité des sociétés à protéger l'enfance.

Ignominus Sanctus

Je suis un être ignoble parce que la peur m'habite. Pas la peur de quelque chose. Non. La peur viscérale ancrée dans mes tripes. Celle qui vient du fond des âges. Bien nouée, accrochée à ma mémoire atavique, enchevêtrée à tous mes gestes, tous mes regards. Lovée au creux de mon estomac, elle sommeille dans son antre noir pour bondir quelquefois lumineuse et fugace. Elle m'entraîne alors dans la folie de mes audaces, me fait découvrir par sa transparence visqueuse, des terres inconnues aux paysages incertains dont je reviens comblé, éperdu d'un désir de repos, satisfait dans le jour que m'apporte demain. D'autres fois, elle se cabre fougueuse et indomptable. Furieuse, elle me projette dans un ciel d'encre sans étoile et sans lune, elle s'emballe, rue des quatre fers, me maltraite l'âme. Cramponné à sa crinière, les yeux exorbités et douloureux, je ne vois que le néant défiler en tourbillons opaques. Muselé, vaincu, jeté à terre par sa fureur. Elle me piétine, me laisse figé, cloué au sol, meurtri, muet, incapable de proférer une parole ou d'implorer un pardon.

L'auberge muséale

Le radiateur tout en azur dispense sa chaleur généreuse et la literie soyeuse accueille généreusement les visiteurs égarés. Un professeur révèle sa connaissance, un autre son savoir. Sans un mot, superbement drapée de sa morgue rayonnante, sa chevelure ambrée lui balayant les reins, une jeune fille vient s'asseoir dans un fauteuil d'osier. Deux perruches viennent voleter autour d'elle et picorer le grain de blé qu'elle tient serré entre deux doigts. À terre, un nid rempli d'œufs rouges, vermillon, carmin. Des oiseaux aux plumes incarnates allument un écran en relief qui reflète une architecture de colonnes dorées.

Réconciliation

Certains matins, je me sens amie avec la terre entière. J'aimerais aller vers mes ennemis, leur dire : « Allons, faisons la paix, la vie est si courte. Pourquoi garder en soi des rancœurs vieillies ? Serrons-nous la main puisque dans le temps nous avons été liés. » Malgré tout, je ne le puis sachant trop bien par expérience, qu'ils prendraient pour de la faiblesse ce qui serait générosité. Notre discorde, elle aussi, est née d'un malentendu. Toutefois, je voudrais tant que mon geste ne restât pas incompris.

L'Ivrogne

Ses yeux bleus distillent le venin des serpents siffleurs. Ses lèvres, brunes limaces vengeresses s'écrasent sur l'ébène de ses caries ténébreuses, recrachent la bave et les injures. Son ricanement caverneux se creuse, se perd dans les quintes qui l'étouffent. Sa mélancolie et sa désillusion l'auréolent autant que l'embaume son haleine abîmée. La vermine est la seule compagne qui lui reste ; la solitude lui tient lieu de conseil. Goulûment, il tête tout breuvage qui peut lui apporter l'oubli.

Désir

Lentement, de profondeurs lointaines, une onde s'infiltre en moi, sourde jusqu'à mon cœur, finalement me submerge. Musique noire de l'orgue humain qui résonne en mon âme, l'envahit des accords subtils accolant la dominante. L'appel du désir s'empare de mon corps. Mes muscles se tendent alors, s'amollissent en même temps, s'adonnent à la langueur, tressaillent en sursauts indépendamment de moi. S'il fait chaud dans la nuit, je grelotte de froid, mais une température modeste m'étouffe de vapeurs. Jubilante, je m'observe, heureuse de pouvoir libre encore, ressentir de telles impressions. Sensations enivrantes qui claironnent que je vis.

Le rossignol

Puisque j'entends le rossignol égrener ses trilles dans le velours de la nuit, cela veut dire : tu es parti. Parti pour un lointain voyage au seuil de l'inconnu, sans retour, sans lumière, sans adieu, sans espoir. Un voyage qui t'entraîne toujours plus loin, plus loin, toujours plus bas dans les algues, les tréfonds où les cathédrales gigantesques surgissent dans les aurores sculptées aux ivoires chantournés, telles les sentinelles enivrées de nos escapades fugaces.

Te souvient-il encore du fond de ta nuit noire, des heures de lumière qui nous bercèrent jadis ? Alors sans un sarcasme, nous murmurions sans fin, apeurés de bonheur à l'orée du divin. Ta voix, baume de miel, enrobait mes blessures d'un linceul de dentelles. Qu'importait les mots alors ! Seule ta parole en cascade de perles comptait à l'oiseau palpitant en mon cœur éveillé. Le son de cette musique avivait mon désir, je m'offrais impudique à tes tendres caresses. Dis-moi, t'en souvient-il encore ?

Cavalcade

Un galop effréné nous mène dans la plaine.
Devant nous, deux larges chemins de sable
mènent à la forêt. N'aie pas peur, serre-moi
fort de tes petites mains potelées ; la monture
est robuste et sa croupe hospitalière. Tes bras
entourent ma taille, je sens que tu es là. Est-ce
chien ou cheval qui nous mène à ce train ?
Cavalcade à travers champs, envol aux
barrières, mottes qui voltigent, qui rythment
éperdument une fuite, une course jusqu'à
l'arrivée consolatrice où nous attend le repos
où nous jouissons soulagées.

L'héroïne

Leurs yeux de braise noire lancent les éclairs jaloux de l'inquisition, la couvent de leur haine. Elle sourit inconsciente du danger qui la guette, enjambe les obstacles, va et vient d'avant en arrière sans se soucier des pièges tendus, traîtres. Elle force leur admiration qu'ils versent à ses pieds comme à regret. Pourquoi n'est-elle pas tombée ? Elle les emmène dans son sillage, leur démontre les inepties de leur raisonnement, architecture convexe qui converge vers l'horizon en un point de non-retour d'où il faut cependant repartir. Les dollars s'éparpillent en papillons légers, frivoles. Elle éclate d'un rire heureux à les voir s'activer comme un jardinier sur les feuilles d'automne délaissées. Pour elle c'est un jeu ; pour eux….

Matin d'automne

Une pluie lancinante matraque les carreaux de sa mélopée monotone entrecoupée de grognements rageurs, presque douloureusement. La campagne apparaît au travers d'un déluge envahisseur, grossi et inégal derrière le dégoulinement agglutiné aux vitres refroidies. Les fenêtres pleurent tout leur saoul devant les champs décrépis où des herses tordues, noires, déchirent en lambeaux les nuages affolés qui bondissent pêle-mêle au ras des collines, exultent leur tristesse dans l'infini des gris. Les sillons éventrés luisent grassement, s'étalent sans pudeur, rejoignent l'horizon. Seul, insouciant des battements du vent mouillé par les rafales, un merle d'ébène fourrage de son bec de feu les débris cramoisis amoncelés aux pieds des granges.

Bien-être

Bercée par les mots de lumière, je baigne dans les flammes vives qui chantent les gloires futures des amours triomphantes. Oranges claironnant, mouillés de jaune et d'or, susurrant des mélopées envoûtantes qui s'épanchent en cascades hilares que la joie éclate. Tournoiement langoureux, vertige ensorceleur du silence tonitruant dans son assourdissante lenteur. Mélange du jour et de la nuit, aube naissante ou crépuscule vainqueur, qu'importe, puisque blottie à l'abri des délices, je savoure enchantée les sons de ton vouloir. Victoire des désirs qui poussent à la lutte, jouissance infinie du devoir achevé.

Gueules d'empeigne

Ils se nichent dans leur mécontentement, s'enveloppent de leur indifférence. Ressassent des souvenirs, sans plaisirs aucun. Évidence ! Ils rabâchent les mêmes histoires, mâchent amers leurs déboires. Nous rappellent avoir connu la guerre, nous giflent de leurs souffrances, mais oublient, par convenance, qu'ils ont vendu leurs voisins. Pour du pain ? Non pas. Pour rien !

Alors, blêmes, ils se traînent d'un jour à l'autre par une nuit de cauchemar ; ils suintent le remord, maintenant que leur mort approche. Ils se souviennent de Dora, de Rachel, de Moïse et d'Isaac. Ceux de la Bible ? Non pas, ceux du troisième !

Jour de l'an

Je passe le seuil de la porte, une grosse cerise rouge sombre enrobée de glace dure dans la paume de ma main. Je la pèle à l'aide de mon canif, brise son enveloppe qui craque. Le soleil batifole autour de mes chevilles comme un chiot heureux. Tu me rejoins apportant ton violoncelle dont la caisse t'encombre. Au lieu des cordes tu optes pour la flûte de tes ancêtres aux sons ombragés comme les forêts profondes. Celui qui essaie de t'imiter n'obtient qu'un pâle sifflet. Bien qu'élégant, il ne puisse aucunement se mesurer à l'orgue de ton instrument. Une carte en plastique avec en filigrane un portrait d'Indien aux longs cheveux me révèle le mystère de ta venue.
Moi, j'écris en lettres capitales sur une feuille blanche et je croque des choux de Bruxelles au goût douceâtre de châtaigne.

Florida

Toute de crème et d'argent, le coussin de cuir chromé leur offre son refuge le long du boulevard tiède, amolli par la brise émergeant du désert. Des petits oiseaux folâtres aux plumes bleues virevoltent venant du large. Ils se confondent aux vagues, à l'horizon. Quelques-uns plus audacieux s'écrasent sur le pare-brise, étoiles incarnates qui tranchent sur l'indigo. La villa au crépi rose, avec ses embrasures laiteuses rappelle une pâtisserie qui attendrait un appétit de géant. Rien ne laisse soupçonner le brusque changement de décor. Un virage à droite, ce sont des piments verts et rouges dissimulés à demi parmi les feuillages touffus des arbustes en fleurs. Les perroquets assourdis de soleil dodelinent à l'ombre des lianes ténébreuses, mêlées au lierre, aux orchidées et aux vignes juteuses. De l'inextricable fouillis protecteur et hostile émerge un chaton angora dont la fourrure soyeuse jonchée de feu, de diamants et de rubis s'éparpille jusqu'à terre. Ses yeux illuminés questionnent ardemment le silence immobile et ardu qui le freine un instant dans sa somnolence repue.

44

Restau

Chandeliers d'argent aux formes lascives sur les nappes de damas crème ; non point des chaises mais des fauteuils confortables où l'on s'enfonce tout en restant bien droit. Le tissu des rideaux qui drape les fenêtres a été amplement mesuré, les plis se prélassent sur la moquette framboise vanille. Ainsi la traîne de la mariée tout en blanc, les petites demoiselles d'honneur en fraise et les garçons d'honneur en gris et blanc. Le tout d'un chic fou à faire hurler un chiffonnier. Le cortège de mariage disparaît derrière les soleils enlacés entre les palmiers et les iris en bouquet d'une modernité inclassable. Sur les tables, dans un vase carré de forme trapézoïdale, trois roses thé enroulées dans une feuille de nénuphar émeraude. Seuls, les moulins à poivre en bois dénotent effrontément, assortis aux lambris montant à l'assaut des parois blanches. Des appliques en cuivre moulent une lumière tamisée. Les convives parlent de plus en plus fort. Ah ! Les bonnes bouteilles ! Deux femmes font une entrée inaperçue. Les ongles rouge sang, les cheveux décolorés coupe Jeanne d'Arc. Un blazer gris. Une chemise noire. Le violet. Le vert en rayures sur la robe. Grand carré violet à gauche, grand espace vert à droite. Une broche presque sur l'épaule. Tenue complète qui se veut de soirée. Elles effrayeraient les perroquets, s'ils ne dormaient déjà. Toutes deux gesticulent un patois incompréhensible.

Amour maternel

Avec une tendresse infinie, elle regarde les pétales d'or des roses de l'enfance agglutinées par la transparence solide d'un amour plus fort que celui du divin. Soumis, ils ont tous sacrifié leur fils : Dieu, Moïse, Abraham, mais elle s'est battue pour lui. Comme une lionne, elle a lacéré les yeux de ceux qui voulaient le voir. Comme une furie elle a déchiqueté les corps de ceux qui lui voulaient du mal ! Comme une mère, elle l'a bercé dans ses bras, le protégeant des dangers de l'existence. Comme une mère, elle a pris sur ses genoux son corps sans vie. Comme une mère, elle a lavé les plaies de son corps inerte, raidi par la mort. Comme une mère, elle a fait ce que toute mère fait : elle l'a aimé et l'aime encore.

Il suffit d'une pute !

Sur le chemin de la Fac, une pute m'a sourit. Elle a éclairé ma nuit. Alors que je marchais sur le trottoir bancal, son regard a croisé le mien. Le miracle s'est produit. Je me suis envolé pour retrouver mon cours. La gueule des profs, ce n'est pas cela qui m'aurait réjoui ! Ils ont tout ce qu'il leur faut : le boulot, le pouvoir, l'espace, mais ils sont tristes à faire pleurer les gonds d'une porte de cimetière. Les sourires qu'ils affichent sont plutôt des grimaces qui étirent leurs lèvres sur leurs masques hypocrites. Rares sont les quelques exceptions. Mais, il y en a ! La preuve !

Pouffiasse goyante

Pleine de fiel je vous contemple, je vous emmerde et même plus ! Pour moi, vous n'existez même pas. C'est la rage qui est mon moteur, l'arrogance ma force. Que m'importe ce que vous pensez de moi, du moment que vous restez là-bas. Ne m'approchez pas, je vous le défends. Vous êtes hideux dans votre mesquinerie. Votre regard vitreux ne fait que réveiller la douleur qui dort au fond de moi. Je sens votre désir à égratigner mes maux, je sens aussi votre vilenie à faire souffrir l'innocence. Vous ne pouvez supporter l'idée que je puisse voler. Je fiente sur vos crânes en toute supériorité. J'urine dans vos verres que vous levez à ma santé. Oui, je m'amuse à vous affoler, à vous voir tourner en rond dans votre prison, endiablés, cuisses ouvertes de chattes en chaleur, queues relevées de mâles hâbleurs. Je pouffe de rire et je m'envole, je vous tire ma révérence et m'enfonce dans le soleil de la nuit. Vainqueur de ma haine, j'éclate de rire. Une fois encore, vous avez échoué à faire mon malheur. Le plaisir gonfle mon cœur et je joui de ma solitude. Pouffiasse goyante aux grands yeux délavés, traîne-toi à mes pieds si tu le désires, mais laisse-moi m'enivrer de mes seuls soupirs. Ton poignard acéré ne vaut point mon épée. Je suis à jamais délivrée, tu me fais presque pitié. Toutefois plus jamais près de toi je resterai, car je sais ô ! Combien est folle ta vanité. A vouloir trop blesser, tu t'es toute déchirée !

Lettre d'Amsterdam

Amsterdam possède la faculté innée d'être irréfutablement, inexorablement, inexplicablement triste sous la pluie, et cela, à l'encontre des contrées alentours qui assurent avec grandeur, avec gloire leur panorama délié grandiloquent. La ville tend à se blottir dans le néant sous les nuages qui enveloppent d'un manteau froid et glauque les passants non avertis qui s'aventurent dans ses rues où suinte le deuil, l'inceste, le désespoir, le meurtre, l'aveuglement aviné, l'avilissement aveuglé, l'aveulissement avide, l'avertissement avare et l'avènement avarié.

Le soleil inonde de ses feux la ville lumineuse comme un vitrail de cathédrale catholique, journée rare s'il en fut. A Amsterdam nous pouvons toujours compter sur une moyenne de trois cent jours pluvieux par an. Ce chiffre ressort d'une statistique personnelle qui peut se mesurer sans faillir aux dossiers météorologiques officiels. A Amsterdam, il pleut.

Hiver comme été nous sommes baignés

d'humidité. La vapeur des canaux, cela va sans dire, mais aussi les ondées précipitées sur les chaussées briquées rose et rouge, se portent garantes d'un maximum de ruisselets qui se frayent une trace jusqu'aux veines immondes de la cité. L'odeur fade de l'eau stagnante nous accompagne à chaque promenade à pied.

Senteurs de vase, remugle de bière, de vomissures, de pisse, masquent cependant difficilement celle des maquereaux et des morues, exhibés comme les canards cantonnais, dans le quartier chaud autour de la vieille église. Les marins dépenaillés, les femmes dévêtues, les touristes endiablés aux caméras récalcitrantes, nous font un instant oublier les moulins, les tulipes, les sabots et les harengs crus au goût âcre de saumure. La sciure piétinée des troquets au petit matin nous invite à croquer un rollmops acide et vinaigré.

Dans le port d'Amsterdam, il n'y a plus de matelots qui rotent ; les navires y ont fait place aux bateaux-mouches qui offrent des croisières pour retraités sans passer les écluses. Les voyageurs y mâchent des sandwiches rassis de pain bis et, les petits mousses devraient craindre des dangers innommables lors de tirage à la courte paille.

Derrière la gare, les drogués, les sans-abri aussi, nous arrêtent et quémandent un euro. Quant aux prostituées, mâles et femelles, elles voient d'emblée si le passant est un marché à prendre ou à laisser. Tous, embués d'héroïne, s'enfuient de la réalité.

La lune, trompe, cache, déjoue et, escamote jusqu'à faire disparaître tout soupçon de vérité, enrobant de beauté irradiante les plus viles ordures.

Amsterdam, poubelle de l'humanité en détresse venue chercher refuge dans ses boyaux contractés, constipés, broyés par le manque d'amour, surgissant d'un passé éteint, délavé, rayé, coupable, inassumé, inexistant mais toujours présent.

Amsterdam, Venise du Nord, capitale des Tulipes, Reine des Sabots-de-bois-clapotant-sur-les-ponts-pavés-de-crânes-d'esclaves, Catin des Flandres, Impératrice des Pays-Bas Couronnée-par-l'or-de-nos-frères-vendus-

comme-chair-à-four, Amterdam l'Hypocrite, Amsterdam l'Adorée-Dorant, la Daube Mordorante-rayonnant-sur-l'Europe,
Amsterdam L'Éternelle accomplissant-la-tâche-dont-les-autres-ne-veulent-point-se-charger.

Amsterdam, il y fait bon flâner. Eux le savent. Protégés par leur carte bancaire, abrités sous un parapluie, ils viennent y courir de musée en musée.

Bonjour, à Vincent. Rembrandt vous saluera. Trésors embusqués d'une culture aux mille gris chamarrés.

Allez donc prendre le thé avec Sa Majesté. Elle vous attend en épluchant ses pommes de terre qu'elle vous fera déguster en frites avec de la mayonnaise. C'est l'un de ses mets préférés.

Amsterdam, ô toi La Mecque des Touristes Innocents, nous te bénirons au nom de tous ceux qui croient en Toi. Ainsi sera-t-il. Amène.

Table des poèmes

www.ingramcontent.com/pod-product-compliance
Lightning Source LLC
Chambersburg PA
CBHW060052050426
42448CB00011B/2423